IRに物申す

ギャンブラーの掟

博打ホリック、
オケラ回避の36ヶ条

茶市 肥香具師
CHAICHI Koyayashi

文芸社

序

マイナカードは、三年掛かりで手続きを終えた。ポイントも、コツコツ一ヶ月掛けて、使い果した。後何か特典はあるんだっけ?

一方、ＩＲ法案はどーなる? そして財政は?

考えてみれば、日本には古き悪しき因習の伝統(おはじき、ビー玉、メンコ、ベー独楽、花札、歌留多、百人一首、骰子《サイコロ》、相撲、野球、サッカートトカルチョ、パチンコ、麻雀、各種公営ギャンブル、あとは、ゴルフの握り、蹴《け》まり、投花等)があるのに、今更アチャラのカジノが要るのか?

まず一首。

もの心つくやつかずの賭け遊び
長じて株に香道に投花

あれば面白い。ホリック、オケラが治安、風紀を乱し、それに伴う、悲喜こもごもが良くも悪くも見物だ。ワクワク♡　それをネタの文化も栄えるだろー。

そして一句。

ＩＲマイナＴＡＸ四月馬鹿

そこで、生粋《きっすい》のオケラの申し児、不肖、私メが浅はかながら私見を述べたく、筆を執った次第です。

また唐突に、個人的な事情を一句。

老いの春岡惚れ破れ断捨離す

川柳、俳句、短歌のスペシャルミックスアレンヂ31《サーティワン》と、能書き条項。スタート！

第1条

七夕の7時丁度に待ち合わせ
妬《ねたま》し邪魔の意地悪注意

一項　ロマン溢れる、確変777並びは、縁起が良いが、羨望《せんぼう》を買い、曇天トラップに注意

二項　イヤガラセの防害は、これを禁ず。むしろ推《すい》ショー

ひと頃、パチンコ店ではアベック台なるものがあった。バッサリ否定却下！　アリャア何だ!?　パチデートだァ？　ナメルな!!　それでゴールIN♡した話ァ聞かん。ムシロ険悪、破局、忍傷沙汰の方があるんじゃネーの？　ドーでもEケド、メルヘンは(禁)

第2条

鉄火場の唾吐く輩桐一葉
染《うつ》るから見て見ぬふりが得策

一項　とかくツキに恵まれぬ人は、気が荒《すさ》みがち。近寄ると感染してツキが落ちるから、敬遠せよ

二項　右を以て風紀、治安の維持に努める可し

とかく柄の悪いのが多い。良い子は真似しないようにネ！

第3条

大安と知るや先勝桐一葉
注意が必要霊感バッタ屋

一項　午前に好調だと暦を気にして、いかがわしい商売にカモにされる

二項　右の構図を以て、共存共栄を図る可し

三項　著しー背徳行為は是れを禁ず

とかく根拠のないインチキにこじつけ勝ち。大安仏滅は、最たるもの。くれぐれも霊感商法には、ご注意。何で、お上は取締まらネーのか？

第4条

ジンクスと統計疑念《ぎねん》十薬《どくだみ》茶

沈思黙《も》っこり女人禁制

一項　巷間《こうかん》のゲンかつぎと科学的裏うちは表裏一体につき、軽はずみな金遣いは是を禁ず

二項　気が散るからオヤヂギャルはスタンド立ち入り禁止

三項　筆者の好みにより、ビール売りは除外。但しバニースーツに限る。フィールド内のマーシャルＧＡＬ《ギャル》も然り

四項　児童、後期高齢者は前項から除外

五項　前項の者、紛《まぎら》わしい、コスプレは、是を堅く堅く禁ず

六項　前項に違背した者は、島流しを申しつける。もしくは姥捨山あるいは女人高野

マアマア、男の野望は、
かくある可し

第5条

統計を疑心暗鬼の桐一葉
気分ありがち分析根拠

一項　前条にカブるようだが、予想屋、コーチ屋は科学的、合理性をモットーとす可し

二項　まあその辺はテキトーに

あまり理屈は無駄!!　少しアルコールを

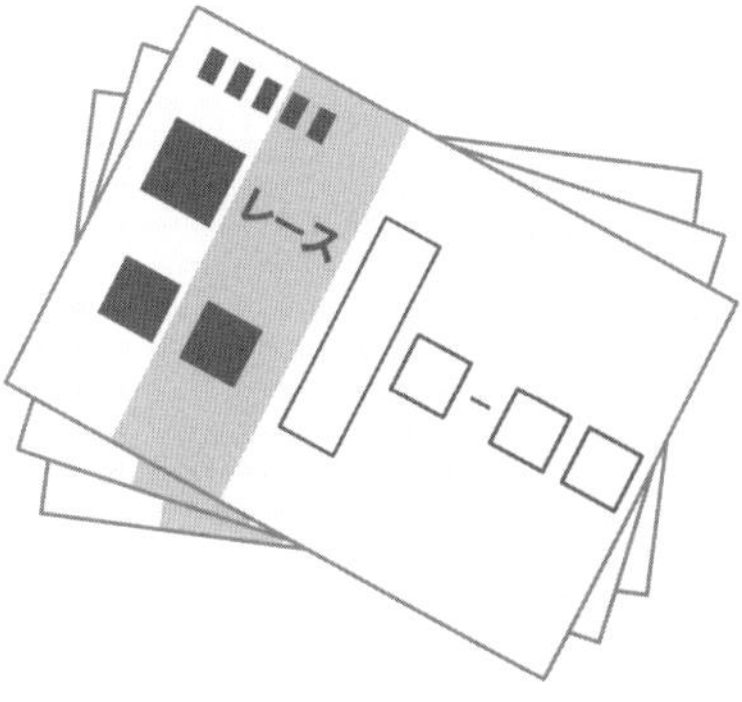

第6条

石橋を叩いて渡らぬ桐一葉
哲のカーテン程々が良し

一項　慎重居士も程度物。んなら銀行屋デモやってろ！

二項　地域起こしに貢献せよ

巨人V9の川上哲治のモットー。ONがいたんだから、モットおおらかにショーアップ。広岡のが余程、論理、科学的

第7条

勝負とは下駄を脱ぐ迄桐一葉
チョーさん語るメイクミラクル

一項　ネバーギブアップ。油断大敵
二項　時と場合により、飲酒喫煙を奨励

第8条

ズッコケた拍子に下駄脱げ桐一葉
上向き歩きバナナに注意

一項　前向きも程々に。下を向いて猫背前屈みが正しい姿勢

二項　ストレッチが大事

コレは筆者の見解、ドジは何をやっても残念!

第9条

石橋を叩いて渡る夏の下駄
冬はどーする？　んな事ァ知らん

一項　前条をまとめて気を引き締めて、さあイコー！
次条に続く

‘23ＷＢＣ決勝前のミーティング
オータニショーへーが最高!!

第10条

慌てずにコーヒータイム小六月
茹で玉子でもバナナも可なり

一項　根を詰めずに、リラクゼーション
二項　腹が減っては……の故事に倣え
三項　肚は座らせ天使のように大胆に
四項　休み《くつろぎ》過ぎは駄目

目くじら立てずにアミューズメント（?）

第11条

多作多捨粗製濫造桐一葉
数打ちは良し無駄打ち禁止

一項　ありがちな、悩ましーところ。まあまあそこはテキトーに。決め打ちも状況次第

んなもン、人の勝手だ

第12条

博打はネ気分転換小六月
遊びの相手なら水割を飲め

一項　高額所得者は配当80％引き。納税証明、マイナカード必須

二項　低所得者はポイント2倍

三項　ビギナーズラックは3倍返されダ!!　後からツケが来る

カジノってベガスのこと？　アチャラのことァ知らん！　富裕層って誰？　どこ？

第13条

宝くじ獲らぬ狸の懐手
二年参りは後の祭りよ

一項　年末ジャンボは、十一月えびす講から気合いだ！

二項　熊手が有効

三項　関西では「えべっさん儲《もー》けさせてや!!」を大声で

土地柄、お国柄、どこも、インチキ！

第14条

十万シュー桐の一葉や宝くじ
二匹目どぜうはトーシローかな

一項　他で¥10万勝ったからと言ってチョーシこきな
　　　さんな
二項　宵越《よいご》しも禁止
三項　されど良き波は逃すまじき

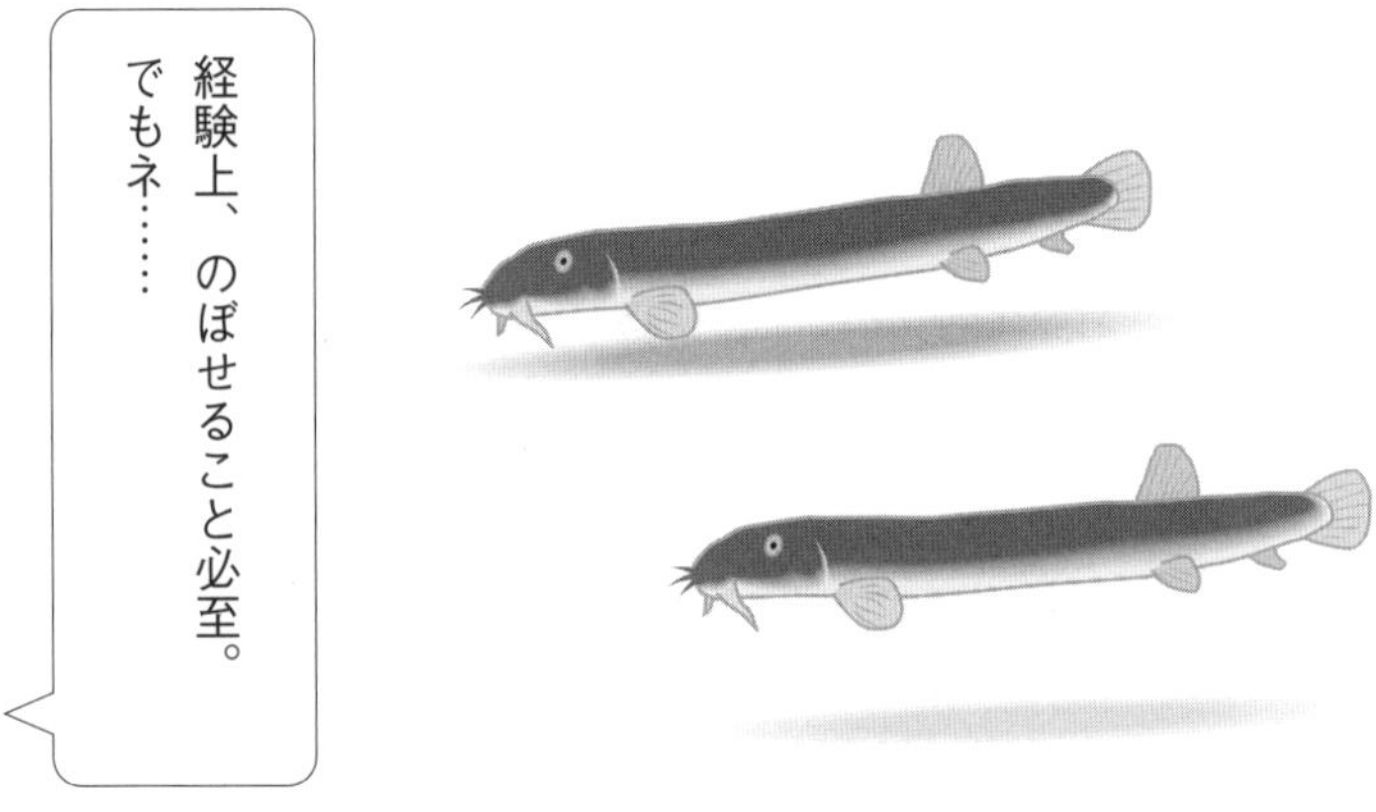

第15条

「通さネー！」十三面の青嵐
九蓮宝燈地獄の九面

一項　「和了《ロン》！」ではなくＢＩＧビートを効かせ相手をビビらせるのが格好良い

二項　一生に一度あれば良し。災いに注意

三項　参考、禍福は糾《あざな》える縄の如し

高卒公務員のダチが、上司に向かって言ったら、パワハラ左遷。ゲラゲラ

第16条

大外を一気北上台風裡
ウラの日本はメーワク《迷惑》千万

一項　ラストコーナー↓ストレート、手に汗で馬券を
　　　お釈迦にせぬよう注意
二項　ウラを食ったら馬券を、即、破り捨てろ
三項　審議ランプを確認す可し

第17条

芋嵐番手譲らず弾き出せ
ビデオ判定リクエスト無視

一項　乱闘注意、リンクもスタンドも
二項　野次馬も尻馬に乗る可し
三項　火付は禁止

醍醐味《だいごみ》、体張って栄光を勝ち取れ！

第18条

取舵やノるかソるかの二百十日
醍醐味推すや舟券隠せ

一項　興奮の余り券を無駄にしないようポケットへ
二項　波が荒れるので最後まで目を離すな
三項　帰りの道路、交通状況に注意。ポリにも

ボートも同じ、レディースは余
計入れ込む

第19条

まくれまくれ口角泡の野分かな
サシてカブセてブッチギレとぞ

一項　爆音に負ケズ声を張るべし
二項　とにかく熱くなれ
三項　水分補給を忘れまじ

オートはオーバルトラックで、サーキットとは違う、熱さがある。筆者はドーカと思うケド

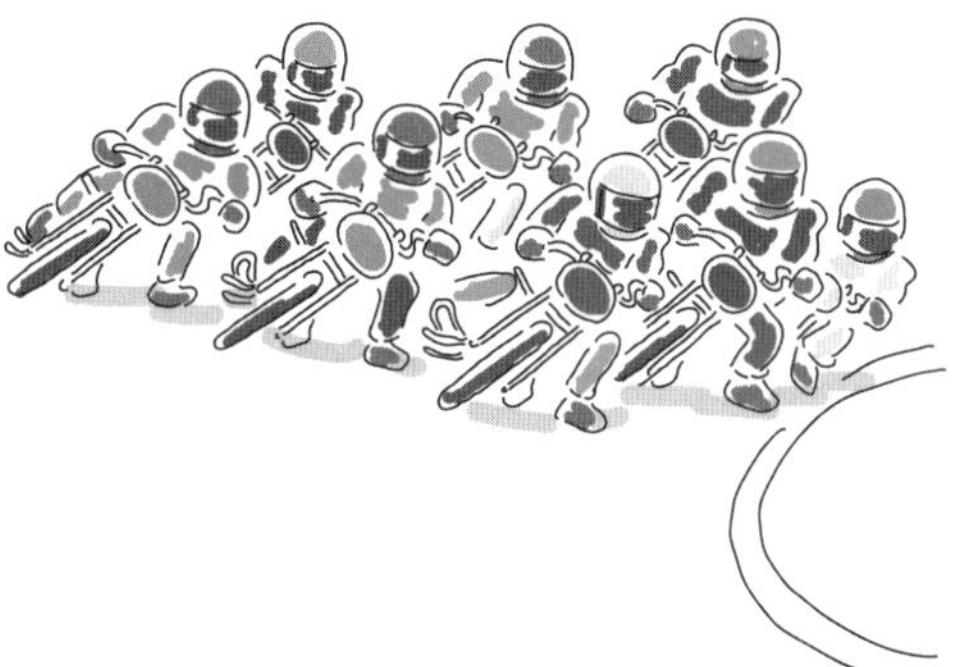

第20条

チョンボはネはこてん指詰め小六月
心配無用笑い話に

一項　ありがち、何《ナアニ》、指の一本や二本
二項　キャリア、見た目に箔
三項　小春日和に時の過ぎゆくままに

ジェネレーション'80、
コドモの与太ギャグ

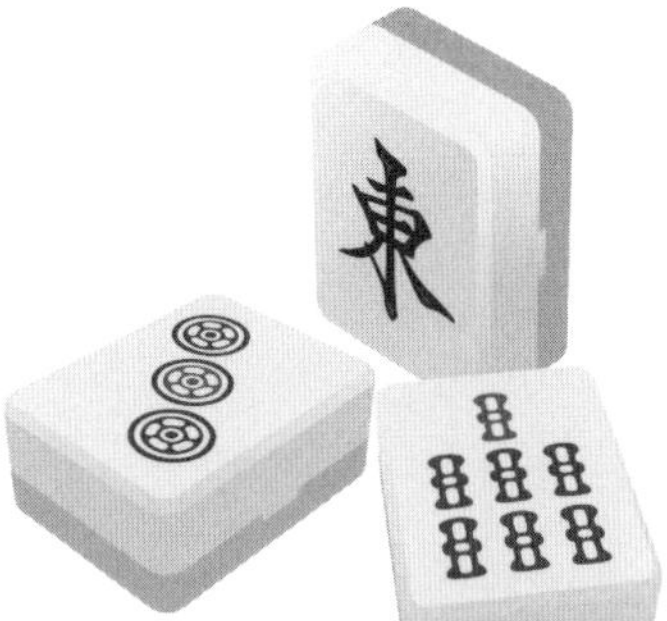

第21条

マリンちゃんリーチバブルか鰊群来《にしんくき》
ワリンも同じサムは確変

一項　期待度に段階あり、ヌカ喜び、奇声は、ハタ迷惑

二項　サム登場か、盤面上部フラッシュは早目にドル箱用意

マア20年前のノリ、最近やったら、相変わらず、ドル箱はいずこ？（この頃ドル箱ないのよ）

第22条

千円で確変無限バラに虹
朝飯抜きは地獄なりけり

一項　次条をおざなりにするべからず
二項　結構来るよ小規ぼはネ

コレは筆者の実体験。ボーっと何となくって時に限って起こる。不思議だ。大体近所のショボ店

第23条

確変中席立ち法度非常食
オムツ着けるはプロの嗜み

一項　用意周到、細工を流々

二項　それより体調管理が基本

第24条

勝負飯カツ丼カレーど素人
セミプロ茹でた玉子にバナナ

一項　メシには、こだワル
二項　状況によりフレキシブル
三項　自前が理想

コレは、本当、健康第一！
高カロリー、低コスト

第25条

玄人は鉄火に鰹《カツオ》鯛にぎり
サンドイッチはアチャラの話

一項　信州では、おやき
二項　仙台では、牛タン駅弁もしくはズンダもち
三項　伊勢では赤福もしくはA5黒毛和牛軍艦
四項　以下略

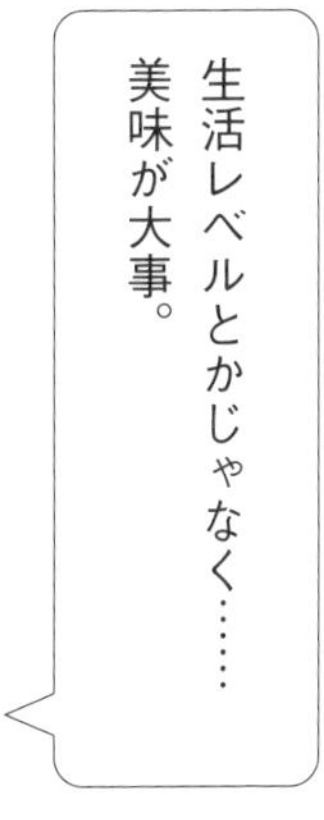

第26条

トトカルチョのみ屋勧誘命取り
メルマガくじはルフィの罠か

一項　ウマい話は、トゲがある
二項　犯罪の手口も文明開化

よく分かんないケド、オレは縁がない

第27条

花札とチンチロリンは昭和かな
ズルにいかさま八百長令和《いま》に

一項　時代が変わっても手口変わらぬこともある
二項　カモにならぬよう、手練手管マスターは必須事項
三項　ユメユメ悪用する可からず

よく分かんないケドD.K.の頃
マンガで読んだ

第28条

壺《つぼ》振りは片肌脱ぎのツンデレラ
ガン見は法度眼がツブレルぞ

一項　色と欲は禁物《きんもつ》、無念無想
二項　若気の至りは古典的カモネギ
三項　幻惑され置きザイされる

コレハ、往年の大映だか日活だか、シネマの良き時代、オレはTVでみた様なカジメイ子♡

第29条

見てみたい巨パイプルプル新体操♡
与太口ヤメロ側《そば》寄るなカス!!

一項　論外。筆者の好みとは別の話。断じて！

二項　特になし

中学生レベル
中年オヤジも同じ

第30条

邪《よこしま》な若頭蛇《へび》注意せよ
組長伝馬牢名主かな

一項　かたぎが知る必要なし
二項　イエロージャーナルはスルー

第31条

身の哀れ落日迫るオケラ道
自己責任の因幡のウサギ

一項　負けた奴は赤裸になる

二項　電車賃は肌着きの小判が武士の嗜み

三項　明日から働け

阿佐田哲也、
さんまちゃんのモロパクリ

第32条

仁義礼智忠信孝悌いざと
なったら玉を出せキャン玉を

一項　開き直っても、どーにも為らぬ
二項　ひょっとしたら命だけハ……

昭和50年頃NHKの人形劇《げき》。
〝新八犬伝〟若い人は分かんネーだろーな

第33条

己との戦い制し花道へ
ハイヤー呼ぶは五十年後《のち》

一項　タクシー十年人力車八十八年
二項　足腰は常にトレーニング
三項　マアマアけんきょに……

とにかく、場数踏むこと。小僧っ子は粋がってカッコばっか

勝った場合

第34条

蜘蛛の糸切るは緊急避難かな
兎に角勝ち逃げケツまくれ

一項　オケラ亡者は切り捨て御免血の池地獄
二項　大穴ラッキー時は御祝儀を。施しは(禁)
三項　宵越し(禁)も程々に。生活必需品、種銭確保す可し

最近は一円パチンコが年配者に人気。ヒマ人が多い、オレも

第35条

縁《えにし》の村で物申すなり堅物に
ＩＲなどクソを食らわせ

一項　別に頑なでもないケド

二項　野党メディアが的外れ

地元、長野市のスローガン。多分カジノは嫌い。夜の街も風前の灯火

第36条

オケラはネ裸で簀《す》巻《まき》霜夜にネ
大川名物ぼくドザエモン

一項　女子はドザミちゃん
二項　くれぐれも36計クワバラクワバラ
三項　石川島の無宿人が心肺停止で回収、回向す可し

不二雄プロのⒸに注意。炎上もイヤ！

あとがき

昭和55年、男子高校生（D．K．）はバカばっかで「ウイスキーコーク」を口ずさみ、飲み、『麻雀放浪記』を読み、笑いタコまんへボを打ち「ヤングマシン」を乗り廻し、年令制限をシカトし、素行不良がトッポかった。

ある者は成人し、更生し、アル者は懲りずにトンガリ続け、それぞれ巣立った。

が、しかし、実社会は余りにも厳《きび》しく、過去の因果が容赦《ようしゃ》なく報い応じた。

それでも業の深い者は、地下に潜り、日中は順法精神を唱え、時には闇に紛《まぎ》れ、法を犯し、有る者は有り金はたいて身を固め、アル者はアル中になった。

時は流れ、21世紀となり元号も変わり、そして〝カジノ〟が出来るらしー。ホントか!?　還暦を迎え、枯れた野望の血が滾《たぎ》る！

ンな、ダサいオヤヂなど誰も気にも留メない。笑い候え！（涙）

そこで一首。

夏の果てなじみの顔も黄昏て
落日迫る黄泉の国かも

著者プロフィール

茶市 肥香具師（ちゃいち こややし）

長野県出身、在住
元モトライダー、元自動車整備士、現在無免許
元雀士、元パチンカー
現投稿マニア、ハガキ職人、札付きのアル中
本書が処女出版

IRに物申す　ギャンブラーの掟

博打ホリック、オケラ回避の36ヶ条

2024年1月15日　初版第1刷発行

著　者　茶市 肥香具師
発行者　瓜谷 綱延
発行所　株式会社文芸社
〒160-0022　東京都新宿区新宿1－10－1
電話　03-5369-3060（代表）
03-5369-2299（販売）

印刷所　図書印刷株式会社

ISBN978-4-286-24822-6